BEI GRIN MACHT SICH IHR WISSEN BEZAHLT

Wirtschaftsmediation innerhalb eines Betriebes und Abgrenzung zu anderen Maßnahmen der Konfliktregelung

Caroline Brunhild Wähner

Bibliografische Information der Deutschen Nationalbibliothek:

Die Deutsche Nationalbibliothek verzeichnet diese Publikation in der Deutschen Nationalbibliografie; detaillierte bibliografische Daten sind im Internet über http://dnb.d-nb.de abrufbar.

ISBN: 9783346236876
Dieses Buch ist auch als E-Book erhältlich.

Druck und Bindung: Books on Demand GmbH, Norderstedt Germany
Gedruckt auf säurefreiem Papier aus verantwortungsvollen Quellen

Das vorliegende Werk wurde sorgfältig erarbeitet. Dennoch übernehmen Autoren und Verlag für die Richtigkeit von Angaben, Hinweisen, Links und Ratschlägen sowie eventuelle Druckfehler keine Haftung.

Das Buch bei GRIN: https://www.grin.com/document/914121

Fernstudium | WINGS - Hochschule Wismar

Studiengang: Mediation: Einsendearbeit 5: Abschlussarbeit

Titel:

Vorteile der Wirtschaftsmediation als Maßnahme des sog. "Konfliktmanagements" innerhalb eines Betriebes in Abgrenzung zu anderen Maßnahmen der Konfliktregelung

Verfasserin: Mag. iur., Caroline B. Wähner, B.A.

Einsendedatum: Berlin, den 9.4.2012

Inhaltsverzeichnis

A. Vorteile in der Wirtschaftsmediation als Maßnahme des sog. "Konfliktmanagements" - innerhalb eines Betriebes

Die Wirtschaftsmediation zählt zum Oberbegriff "Konfliktmanagement". Darunter sind Maßnahmen zur Verhinderung einer Eskalation oder einer Ausbreitung eines, z.b. bestehenden innerbetrieblichen oder - geschäftlichen Konflikts, zu verstehen.[1][2] Diese werden i.R.d. der sog. Wirtschaftsmediation, kurz WM, zunehmend von fachlich spezialisierten Mediatoren[3] geleitet.[4]

Mediation findet in rechtlichen, organisatorischen und personellen Konflikten mehr und mehr Anwendung, so auch auf (inner-) betrieblicher oder (inner-)geschäftlicher Ebene von Unternehmen und Behörden.[5] Sie dient in der Hauptsache, der Aufrechterhaltung der (inner-) betrieblichen und (inner-) geschäftlichen Beziehungen. Strittig ist, ob die WM an dieser Stelle sach[6]- oder beziehungsorientiert[7] verläuft, was jedoch an dieser Stelle dahingestellt bleiben kann.[8] Die Ursache für innerbetriebliche/-behördliche Konflikte ist meist in einer gestörten Kommunikations- oder Arbeitsbeziehung der Streitparteien (Mitarbeiter, Teams, Abteilungen z.B. in Form von Mobbing[9]; Vorgesetzten-Mitarbeiter-Konflikt; Betriebsrat und Unternehmensleitung (vgl. § 75 BetrVG)) zu suchen.[10] Aber auch Konflikte im Familienunternehmen, Fragen der Unternehmensnachfolge; Gesellschafterkonflikte oder Umstrukturierungsprozesse sind Ursachen für innerbetriebliche Konflikte.[11] In der Regel sind innerbetriebliche

---

[1] Siehe hierzu ausf. *Schneider, S.*, Mediation in der Wirtschafts- und Arbeitswelt, Skript Modul V, Auflage 1/2013, Wismar, S. 4, 5.

[2] Siehe *Wittschier B.M.*, 30 min für erfolgreiche Mediation in Unternehmen, 2. Aufl., GABAL Verlag GmbH, Offenbach, S. 7f.

[3] Im Text erfolgt die Bezeichnung weiblicher oder männlicher Personen aus Gründen der Lesbarkeit und Übersichtlichkeit jeweils in maskuliner Form. Mit allen verwendeten Personenbezeichnungen sind stets beide Geschlechter gemeint.

[4] Vgl. *Wittschier B.M.*, a.a.O., S. 7f.

[5] Ausf. *Schulz von Thun, F., Ruppel, J., Stratmann, R.*, Miteinander Reden. Kommunikationspsychologie für Führungskräfte, 4. Aufl., Rowohlt Verlag, Reinbek 2005.

[6] Hierzu *Besemer, Ch.*, Mediation – Vermittlung in Konflikten, 8. Aufl. Baden, S. 28.

[7] *A.a.o.*, S. 29.

[8] *Müller-Jacquier, Bernd/ten Thije, Jan D.* [2000]: „Interkulturelle Kommunikation: interkulturelles Training und Mediation", in: Becker-Mrotzek, M./Brünner, G./Cölfen, H. [Hrsg.]: „Linguistische Berufe", Frankfurt a. M./Berlin/Bern/Bruxelles/New York/Oxford/Wien: Lang, S. 39-57.

[9] Vgl. Beispiele aus der Rechtsprechung u.a.: LAG Thüringen Urteil vom 15.02.02 - 5 Sa 102/00; LAG Rheinland-Pfalz vom 16.08.2001 - 6 Sa 415/01; LAG Thüringen vom 10.04.2001 - 5 Sa 403/00; BAG vom 21.03.01 - 5 AZR 325/99.

[10] Ausf. *W.A.F. BetriebsratWissen*. Mobbing am Arbeitsplatz. URL: https://www.betriebsrat.com/mobbing-am-arbeitsplatz. Zuletzt aktualisiert: 24.8.2020.

[11] *Grote, R.*, Konflikte im Unternehmen: Ursache, Wirkung und Prävention! Wie durch fehlendes Konfliktmanagement verdeckte Kosten entstehen. URL: https://www.coach-grote.de/arbeit-beziehung/konfliktmanagement/#_Toc365639087. Letztes Update: 29.8.2020.

Konflikte beziehungsbetont (z.B. Autoritätskonflikte, Unklarheiten in den Hierarchieebenen) und können offen oder verdeckt stattfinden. Beispiele für Beeinträchtigungen innerhalb eines Betriebes sind u.a. unangemessene Arbeitszuweisungen, Behinderungen der Arbeit, Verweigerung der Mitarbeit, Vorenthalten von Informationen, üble Nachrede, Verdächtigung, kränkende Kritik, Verweigerung der Loyalität, "Dienst nach Vorschrift"[12], sexuelle Belästigung, Drohung mit Kündigung oder Mobbing. Ist der Konflikt auf der Beziehungsebene einmal entstanden, muss er auch auf dieser gelöst werden. Beispiele für mögliche Anliegen bei innerbetrieblichen Konflikten können die respektvolle Behandlung, Anerkennung der fachlichen Kompetenz, gerechte Verteilung von Aufgaben und Rechten, als auch gerechte Entlohnung, Leistungsbereitschaft, Karriere und verlässliche Dienstzeiten sein- um nur einige zu nennen. Rechtliche Aspekte spielen insoweit zumeist eher eine untergeordnete Rolle. Vordergründiger Vorteil der WM ist die Gestaltung der zukünftigen, konfliktfreien Parteibeziehung. Die Vorteile der WM an-sich sind mannigfaltig. So ist die WM sofort einsetzbar, schnell, effizient und unbürokratisch. Sie macht kooperative und konstruktive, bedürfnisorientierte Lösungen möglich. Zudem spart sie Zeit, Kosten und Aufwand für jahrelange und teure Gerichtsverfahren. Hauptargument ist nach meiner Sicht, die Wiederherstellung eines positiven Betriebsklimas und die Aufrechterhaltung von bestehenden Geschäftsbeziehungen bzw. deren Optimierung. Ein Vorteil, der sicherlich für die Unternehmensleitung von wesentlicher Bedeutung ist, liegt im Verfahren der Mediation selbst. Da sie vertraulich ist, droht kein Imageverlust für das Unternehmen. Ab einem Streitwert über 5000,- Euro kann zudem von einer wesentlichen Kosteneinsparung gesprochen werden.[13] Sollte die WM scheitern wird im Streitfall der innerbetriebliche Konflikt vor dem Arbeitsrichter entschieden.[14]

---

[12] Aktuelle Untersuchungen zur Arbeitszufriedenheit in dt. Unternehmen und Institutionen, wie z.B. der *Gallup-Studie* bestätigen dieses Phänomen, vgl. URL: http://www.berkemeyer.net/news/gallup-studie. Letztes Update: 29.8.2020.
[13] Vgl. hierzu die Studie zur Erfassung von Konfliktkosten der Wirtschaftskammer Österreich von 2006 „Neue Wege zur Ergebnisverbesserung". Diese kommt zu der Erkenntnis, dass innerhalb der kleinen und mittleren Unternehmen Konfliktkosten 19,1% der Gesamtkosten ausmachen. URL: http://www.wkw.at/docextern/ubit/wirtschaftsmediatoren/Studie_Konfliktkosten.pdf. Ferner siehe *Seidel* (2009): Konfliktkostenstudie KPMG, S. 20.
[14] *Deppe, R.,* WissensWerk. Seminare & Beratung. Mediation in Wirtschaft und Arbeitswelt. URL: http://www.wissenswerk.org/wp-content/uploads/2016/02/Mediation-in-Wirtschaft-und-Arbeitswelt.pdf. Letztes Update: 29.8.2020.

B. Andere Maßnahmen i.R.d. Konfliktmanagements in Abgrenzung zur Wirtschaftsmediation

Der Gerichtsweg ist nicht der einzige Weg, um zu einer Lösung im Streitfall zu kommen. Die Wege zur außergerichtlichen Streitbeilegung sind ausgesprochen vielfältig. Das Hauptargument für die außergerichtliche Lösung ist das Einsparen von Kosten, denn jede Stunde und sei es ein Vorgespräch bei einem Anwalt, kostet bares Geld, s.o. Außerdem gewährleistet sie Vertraulichkeit und vermeidet Öffentlichkeit (gerade im Finanzsegment und Bankwesen), was die WM zunehmend attraktiv macht. Andere außergerichtliche Streitbeilegungsverfahren in der Wirtschaft sind z.B. das Schiedsrichterliche Verfahren gemäß §§ 1025 ff. ZPO, das Schlichtungsverfahren gemäß § 15 a EGZPO, das Schiedsgutachten, die anwaltliche Vermittlung oder bilaterale Verhandlungen. Nicht zurückgehalten werden soll an dieser Stelle, dass auch andere Mediationsformen in den jeweiligen Spezialgebieten, wie z.B. die Familienmediation, die Erbrechtsmediation, die Umweltmediation oder auch auf dem Gebiet des Strafrechts, dem Täter-Opfer-Ausgleich im Jugendstrafrecht[15], gleichberechtigt existieren.[16] Für eine Abgrenzung sollen an dieser Stelle drei Beispiele aufgezeigt werden:

I. Schiedsrichterliches Verfahren gemäß §§ 1025 ff. ZPO

In der Praxis ist das schiedsrichterliche Verfahren im Baugewerbe, Arbeitsrecht oder bei internationalen Vertragsbeziehungen relevant. Die Schiedsvereinbarung ist eine Vereinbarung der Parteien, aller oder einzelner Streitigkeiten, die zwischen ihnen in Bezug auf ein bestimmtes Rechtsverhältnis vertraglicher oder nichtvertraglicher Art entstanden sind oder künftig entstehen, der Entscheidung eines Schiedsgerichts zu unterwerfen, vgl. § 1029 Abs. 1 ZPO.

Es handelt sich hierbei um ein privates Gericht ohne Einwirkung durch den Staat.[17] Die Mediation ist ebenfalls frei gewählt und findet ohne staatliche Einflussnahme auf neutralem Boden statt. Die Vorteile eines solchen Verfahrens liegen in der Regel darin, dass die Streitparteien mittels einer vertraglichen Klausel ihren neutralen,

---

[15] Siehe *Besemer, Ch.*, Mediation – Vermittlung in Konflikten, 8. Aufl. Baden, S. 41.
[16] Siehe *Hartung, F.*, Außergerichtliche Streitbeilegung. Mediation bei Konflikten in Familie, Erbschaft, Beruf, Wirtschaft, Nachbarschaft und Schule. URL: https://www.streitvermittler-mediator.de/fachbegriffe/was-bedeutet-aussergerichtliche-streitbeilegung.html. Letztes Update: 28.8.2020.
[17] *Schwab, Karl-Heinz/Walter, Gerhard:* Schiedsgerichtsbarkeit, Kommentar, 6. Aufl., München 2000, S. 1.

unabhängigen, fach- und sachkompetenten Richter vereinbaren können und die Schiedsvereinbarung vollstreckbar ist[18].

Dies ist zwar ohne Klausel in einem Vertrag ebenfalls bei der Mediation der Fall. Hier ist der Mediator nach den Grundprinzipien zu Allparteilichkeit und eben gerade auch Neutralität verpflichtet, um die WM zu gestalten. Eine weitere Gemeinsamkeit der beiden verglichenen Verfahren ist im nicht - öffentlichen und vertraulichen Charakter zu sehen. Das Schiedsverfahren liegt im Ermessen des Gerichts. Hingegen finden Mediationsverfahren ihre Lösung durch die Medianten. Problem ist, das eine Streitlösung, welche die Parteien nicht selbst erarbeitet haben, sondern vorgeschlagen wird, u.U. auf Akzeptanzprobleme stößt und so für eine nachhaltige Befriedung hinderlich ist. Es findet in diesem System u.U. eine problematische Vermischung zwischen Schiedsgerichtsverfahren und Mediation statt. Die Verantwortung der Parteien, den Konflikt zu lösen, verschiebt sich ungünstigstens auf den Schlichter.

Was die *Dauer* des schiedsrichterlichen Verfahrens betrifft[19], so ist hierbei von ca. 4-8 Monaten auszugehen. Diese Dauer kann in der Mediation wiederum zumeist vermieden werden. Hier liegt es an den Medianten ihrem Willen und dem Kostenaufwand alsbald zu einer Lösung und Beendigung zu gelangen.

Die *Kosten* für das Schiedsgericht richten sich in der Regel nach dem RVG, d.h. sie sind vom Streitwert abhängig. Bei einem Streitwert um die 5000,- Euro zeigt sich erfahrungsgemäß keine Kostenersparnis der Mediation ggü. dem schiedsrichterlichen Verfahren. Wird dieser Wert überstiegen, so kann durchaus von einer größeren Ersparnis der Beteiligten ausgegangen werden. Dies zeigt sich z.B. besonders bei grenzüberschreitenden vertraglichen Streitigkeiten.[20]

Erfahrungsgemäß liegt ein weiterer wesentlicher Vorteil beider Konfliktlösungsformen in der wesentlichen Verfahrensbeschleunigung.[21] Der erfolgreiche Abschluss einer Mediation wird zudem zwischen den Parteien – regelmäßig in schriftlicher Form – als sog. Mediationsvereinbarung (oder auch: Mediationsvergleich) festgehalten. In

---

[18] *Stevanovic, D.*, Schiedsrichterliche Verfahren §§ 1025 ff. ZPO, Studienarbeit 2002, Kap. 7.1.
[19] *Prütting/Gehrlein*, ZPO Kommentar, ZPO § 1044 – Beginn des schiedsrichterlichen Verfahrens. URL: https://www.haufe.de/recht/deutsches-anwalt-office-premium/pruettinggehrlein-zpo-kommentar-zpo-1044-beginn-des-schiedsrichterlichen-verfahrens_idesk_PI17574_HI13240446.html. Letztes Update: 28.8.2020.

[20]   Siehe   *juraforum.wiki*.   Internationales   schiedsgerichtliches   Verfahren.   URL: https://www.juraforum.de/lexikon/schiedsgerichtliches-verfahren. Letztes Update: 29.8.2020.
[21] BT-Drs. 13/9124 vom 24.11.1997 unter Verweis auf § 1052 II ZPO-E. Ferner s. *juraforum.wiki*. schiedsgerichtliche Verfahrens-Vorteile. URL: https://www.juraforum.de/lexikon/schiedsgerichtliches-verfahren. Letztes Update: 29.8.2020.

materiell rechtlicher Hinsicht stellt diese Vereinbarung einen Vergleich i.S.v. § 779 BGB dar. Darüber hinaus können die Parteien verschiedene Maßnahmen in Betracht ziehen, um die Durchsetzbarkeit der Mediationsergebnisse in effektiver Form zu sichern. Hier haben übliche vertragliche Absicherungen wie z.B. Vertragsstrafen (§§ 339 ff. BGB) den Nachteil, dass sie ggf. gesondert eingeklagt werden müssen. Um dies von vornherein zu verhindern, können die Parteien die Mediationsvereinbarung in Form der Vollstreckbarerklärung gem. §§ 794 I Nr. 1, 5; 796 a-c ZPO titulieren. Falls es den Parteien insbesondere auch um eine Vollstreckbarkeit der Vereinbarung im Ausland geht, bietet sich für sie als Besonderheit eine Titulierung als Schiedsspruch mit vereinbartem Wortlaut gem. § 1053 I 2 ZPO an. Das Schiedsverfahren ist prozessual gesehen anders gestaltet. So ist die Einrede einer Partei, doch ein staatliches Gericht im Anschluss an den Schiedsspruch anzurufen, gemäß § 1032 ZPO nur unter bestimmten Bedingungen möglich. Zudem steht der Schiedsspruch einem rechtskräftigen und damit vollstreckbaren gerichtlichen Urteil gleich. Er bedarf zudem der Schriftform, vgl. 1031 ZPO. Die 2. Instanz ist für die Parteien, außer in zugelassenen Ausnahmefällen, ausgeschlossen.

II. Das Schlichtungsverfahren gemäß § 15 a EGZPO

Das Schlichtungsverfahren dient zur außergerichtlichen Streitbeilegung durch einen neutralen Schlichter vor einer neutralen Instanz (Schlichter) vorgeschlagenen Schlichterspruch (z.B. Bank).[22] Häufiger Anwendungsbereich für Schlichtungsverfahren sind auch nachbarrechtliche Streitigkeiten[23] oder die Verletzung der persönlichen Ehre[24]. Nach den Schlichtungsgesetzen der Länder ist bei bestimmten Streitigkeiten eine Klage zu den ordentlichen Gerichten erst dann zulässig, wenn die Parteien zuvor vor einer Gütestelle versucht haben sich zu einigen. Zugelassen Gütestellen sind Schiedsleute oder Schiedsstellen, die teilweise zwingend durch Juristen besetzt sind. Dies ist gerade bei mehrschichtigen Sach- und Beziehungskonflikten in der WM (Arbeitsrecht) nicht immer von Vorteil. Da gerade hier

---

[22] Grundlegendes in: *Deckenbrock, Ch., Jordans, R.*, Das obligatorische außergerichtliche Schlichtungsverfahren nach § 15a EGZPO. URL: https://www.haufe.de/recht/deutsches-anwalt-office-premium/1-das-obligatorische-aussergerichtliche-schlichtungsverfahren-nach-15a-egzpo_idesk_PI17574_HI12573259.html. Letztes Update: 29.8.2020.
[23] BGH, Urteil vom 23.11.2004 – VI ZR 336/03.
[24] LG Kiel, Urteil vom 02.04.2009 – 7 S 72/08. Ausnahmsweise entbehrlich s. LG Duisburg, Urteil vom 02.09.2008 – 13 S 140/08.

oft Fachkompetenz von anderer Seite, z.B. Psychologen dienlicher wäre oder gänzlich unvoreingenommen Mediatoren gefordert ist. Im Gegensatz zum Mediationsverfahren kann der Schlichter ehrenamtlich tätig werden. Das Schlichtungsverfahren erfährt seine teilweise Beschränkung auf vermögensrechtliche Streitigkeiten i.H.v. ca. 600 - 750,- Euro. Dem ist in der WM gerade nicht so. Die Verfahrensdauer beträgt i.Ü. höchstens 3 Monate, vgl. § 15 a Abs. 1 S. 3 EGZPO. Auch eine zeitliche Beschränkung erfährt die Mediation nur durch die Dauer der Lösung der Medianten im Mediationsverfahren. Dies macht eine intensive Betreuung und Erarbeitung des Problems ohne den enervierenden Blick auf die Uhr möglich. Außerdem gibt es Raum für Medianten, die sich einer z.B. körperlichen oder seelischen Doppelbelastung ausgesetzt sehen.

Das Schlichtungsverfahren ist bei der Gestaltung frei, jedoch erfolgt eine Beweisaufnahme nur bei präsenten Beweismitteln. Dies ist bei der Mediation keine Bedingung. Alle Argumente können gleichwertig in die Betrachtung des Konfliktes eingebracht werden (Stichwort: ergebnisoffene Lösungsfindung). Allerdings ist ein klarer Vorteil des Schlichtungsverfahrens i.R.d. Kosten zu sehen, sie betragen zunächst ca. 50 Euro[25] und sind so, für jedermann erschwinglich. Eine Beendigung des Schlichtungsverfahrens ist allerdings nur durch Vergleich oder durch Bescheids eines gescheiterten Einigungsversuchs zu erzielen. Im Mediationsverfahren liegt, m.E., das Ziel einer Einigung und Lösung des Konflikts höher. Dies ergibt sich schon allein aus der wirtschaftlichen Notwendigkeit ist aber keines Falls zwingend. Ein vor einer Gütestelle geschlossener Vergleich stellt einen Vollstreckungstitel dar, vgl. § 794 Abs. 1 Ziff. 1 ZPO. Dies ist bei einer geschlossenen Mediationsvereinbarung ebenso. Der Schlichter darf als neutraler Dritter nur vermitteln, nicht selbst entscheiden. Hier liegt ein kleiner Wesensunterschied zu Mediation, die den Mediator als Raumgeber und Strukurverantwortlichen sieht. Die Vermittlung im Konflikt ist zwar ebenfalls Bestandteil, kann sich aber u.U. auf das Mindestmaß beschränken.

---

[25] Siehe *Steike, J.*, Rechtsanwaltskammer München. Merkblatt zur außergerichtlichen Streitbeilegung. URL: https://www.rak-muenchen.de/fileadmin/downloads/01_Rechtsanwaelte/Mitgliederservice/Download/Merkblatt.pdf. S. 3. Letztes Update: 29.8.2020.

III. Schiedsgutachten

Bei einem Schiedsgutachten handelt es sich verkürzt ausgedrückt, um eine verbindliche Entscheidung über einen abgrenzbaren Streitpunkt durch einen neutralen Dritten.[26] Das Schiedsgutachten ist gewollt, wenn die gerichtliche Überprüfung nach § 317 BGB bestehen soll.[27] Dies erhöht die Einigungswahrscheinlichkeit in Verhandlungen, vermeidet dennoch die gerichtliche Entscheidung nicht gänzlich. Typisches Beispiel[28] ist das Schiedsgutachten eines KfZ - Gutachters wegen des Wertes bei einem Unfall zerstörten Wagens.[29] Hier paart sich Sachverstand mit Wert festsetzender Entscheidung, die sicherlich, befragte man die Beteiligten zur Wertschätzung des PKW, zutiefst differente Einschätzungen zu Tage fördern würden.

In Abgrenzung zur WM ist hier auf das oben Gesagte zu verweisen. Hauptunterschied bildet die nicht selbst von den Parteien gefundene Lösung, sondern die Bewertung durch einen neutralen Dritten.[30]

IV. Anwaltlichen Vermittlung & bilaterale Verhandlung

Hinsichtlich der Möglichkeiten der Anwaltlichen Vermittlung und der bilateralen Verhandlung sei kurz folgendes dargestellt:
Die *anwaltliche Vermittlung* meint die außergerichtliche, anwaltliche Beratung und Verhandlung gemeinsam mit der Gegenseite unter Einsatz von mediativen Elementen mit dem Ziel, gemeinsam und konsensual einen außergerichtlichen Konflikt beizulegen.[31][32] Wesentlicher Unterschied zur Mediation ist hier, dass der vermittelnd auftretende Anwalt stets Vertreter seiner Partei bleibt und durch das Berufsrecht auch zu Vertraulichkeit verpflichtet ist.

Bilaterale Verhandlungen haben den Vorteil, dass sie unbürokratisch und schnell

---

[26] Näher zu allen rechtlichen und praktischen Fragen des Schiedsgutachtens *Greger/Stubbe*, Schiedsgutachten, 2007.
[27] Palandt-*Grüneberg*, 70. Aufl. 2011, § 317 BGB Rz. 8.
[28] Die rechtswissenschaftliche Literatur kennt und unterscheidet verschiedene Arten von Schiedsgutachten, siehe dazu Münchener Kommentar zum BGB-*Würdinger*, 6. Aufl. 2012, § 317 Rz. 29 ff.
[29] Palandt-*Grüneberg*, 70. Aufl. 2011, § 317 BGB Rz. 6 mit weiteren Beispielen.
[30] *Ders.*, a.a.O., § 319 BGB Rz. 5a.
[31] Siehe *Greger/von Münchhausen*, Verhandlungs- und Konfliktmanagement für Anwälte, 2010.
[32] Siehe aber anders das Gesetz über das Verfahren in Familiensachen und in den Angelegenheiten der freiwilligen Gerichtsbarkeit (FamFG) – Vermittlungsverfahren des § 165 FamG. *Greger*, in: *Reinhard Greger/Hannes Unberath (Hrsg.)*, Mediationsgesetz, Kommentar, München 2012, Teil 1, S. 23, Rz. 72 und Teil 3, S. 225, Rz. 14, 15.

durchgeführt werden können, kostengünstig sind und die Parteien, die volle Kontrolle über das Verfahren behalten, da auf einen neutralen Dritten verzichtet wird.[33] Mögliche Nachteile (im Gegensatz zur Mediation) sind die fehlende geleitete Gesprächsstruktur, die Gefahr des bloßen Austauschs von Informationen und die Gefahr, dass sich Fronten verhärten, da Einigungschancen verpasst werden.

C. Besonderheiten der Wirtschaftsmediation am Beispiel

Wenn die Parteien in Verhandlungen im Prozess nicht mehr zum Ziel kommen, gibt es grundsätzlich zwei Wege, einen Konflikt beizulegen. Entweder konfrontativ - im Streit - im Gerichtsprozess oder aber kooperativ - zusammen in Verhandlungen unter den Parteien allein oder mithilfe eines Mediators.[34] In der Mediation können zudem kreative Lösungen auch außerhalb des Rechts gesucht werden.[35] Die Mediation sucht nicht die Erfüllung von Ansprüchen, sondern die Befriedigung von Interessen der Parteien. Sie ermöglicht eine Regelung, die nicht den allgemeinen Gerechtigkeitsvorstellungen, sondern den subjektiven Gerechtigkeitsvorstellungen der Beteiligten entspricht.

I. Vorbereitungsphase

1. hinsichtlich der Unternehmensleitung

In der Vorbereitung bietet es sich an, sich mit der Unternehmensleitung zu treffen, die zumeist die maßgeblichen Initiatoren der Mediation sind.[36] Dies dient der Informationsbeschaffung über den Konflikt aus der Perspektive der Unternehmensleitung.

Zudem kann an dieser Stelle die Klarstellung ggü. der Unternehmensleitung erfolgen, dass im Rahmen des Mediationsverfahrens die Hierarchie aufgehoben ist[37] sowie die Vertraulichkeit[38] auch gegenüber der Firmenleitung gewährleistet wird.

---

[33] Vgl. So auch *Greger, R.*, Alternative Konfliktbeilegung. URL: https://www.reinhard-greger.de/alternative-konfliktbeilegung/formen-der-alternativen-konfliktbeilegung/. Letztes Update: 29.08.2020.
[34] *A.a.O.*
[35] *Ebd.*
[36] Siehe *Wittschier B.M.*, 30 min für erfolgreiche Mediation in Unternehmen, 2. Aufl., GABAL Verlag GmbH, Offenbach, S. 30.
[37] *Ebd.*
[38] *A.a.O.*, S. 31.

Im Wirtschaftsmediationsverfahren findet ebenfalls keine Bevorzugung einzelner Mitarbeiter statt. Eine Einschätzung über teilnehmende Mitarbeiter wird nicht getroffen.

2. hinsichtlich der Konfliktbeteiligten

Außerdem bieten sich Vorgespräche mit allen Konfliktbeteiligten zur Informationsbeschaffung an. Zunächst kann man sich einen Überblick über die Konfliktsituation durch einzelne Gespräche mit den Betroffenen bilden.[39] Dies dient dem Aufbau von Vertrauen und der Information über den Verlauf einer Mediation für die Beteiligten. Auch die Vertrauensbildung der Medianten ggü. dem Mediator wird gestärkt. Aus dem Erörterten wird dann die Grundlage für die Entscheidung gebildet, ob und wie in dem Konflikt zu vermitteln ist. Außerdem kann an dieser Stelle geklärt werden, ob bestimmte Anforderungen an den Mediator gestellt werden, u.U. Co-Mediation, da es hier einen Mehrparteienkonflikt gibt, der sich auch auf Gruppen bezieht, so z.B. möglichen Interessenkonflikt in der Führungsebene hinsichtlich Abwanderungsplänen einzelner Mitarbeiter (Forschungsdirektor, Entwicklungsdirektor, Abteilungsleiter) und andererseits Wettbewerbsdruck durch die Führung, als auch dem Konkurrenzkampf von 2 Gruppen von Mitarbeitern.

II.   Arbeits- und dienstrechtliche Rahmenbedingungen

Hinsichtlich der arbeits- und dienstrechtlichen Rahmenbedingungen sind i.d.R. insbesondere folgende zu beachten:

- Feste Kernarbeitszeiten
- Urlaubsregeln
- Vertretungsregeln
- Ruhezeiten
- Betriebsgeheimnisse
- Umgang mit dem Arbeitsmaterial u.v.m.

Im konkreten Fall ist das Weisungsrecht des Arbeitgebers zu beachten, der die Abteilung so organisiert, dass die beiden in Frage stehenden Gruppen im Wettbewerb

---

[39] Hierzu *Besemer, Ch.*, Mediation – Vermittlung in Konflikten, 8. Aufl. Baden, S. 27 ff.

zeitgleich am selben Thema arbeiten, ohne sich gegenseitig austauschen zu dürfen. Dies ist sicher arbeitsrechtlich nicht zu beanstanden, führt aber im konkreten Fall gerade nicht zum gewünschten Ergebnis. Das Aufgabengebiet zu beschränken, d.h. de Gruppen isoliert arbeiten zu lassen, ist sicherlich eine Besonderheit der arbeits-(rechtlichen) Bedingung. Zudem muss geklärt werden, welche Gruppe, nach der Führungsidee des Abteilungsleiters, wie "eingruppiert" wurde (Persönlichkeiten, Aufgaben, Potential und Bedürfnisse der Mitarbeiter der jeweiligen Gruppe).

III. Beachtung von Hierarchien

Zunächst sollte in der innerbetrieblichen Mediation geklärt werden, dass bei der Mediation auf "Augenhöhe" verhandelt wird.[40] Ob dabei eine gänzliche Aufhebung der Hierarchien empfehlenswert ist, muss dabei jeder Mediator für sich entscheiden.[41] Dennoch sollte die Vertraulichkeit ggü. allen Beteiligten gewährleistet sein, auch ggü. den Vorgesetzten und diesen untereinander. Abzuklären ist dabei auch, wer sinnvollerweise beim konkreten Problem an der Mediation teilnimmt. Das sind in aller Regel die explizit am Problem Beteiligten, hier also die Gruppe 1 und 2 als auch der Abteilungsleiter sowie der Entwicklungsdirektor und u.U. der Forschungsdirektor. Wichtig ist noch zu klären, wer sich verantwortlich für die abschließend zu treffende Entscheidung zeichnet und wer entscheidungsbefugt ist. Dies wird hinsichtlich der Konkurrenzidee vorwiegend vom Abteilungsleiter zu verantworten sein. Ebenso wird der Forschungsdirektor dahingehend wirken wollen, die Abwanderungspläne sehr guter Mitarbeiter verhindern zu wollen. Dem Entwicklungsdirektor (als Initiator der Mediation und somit ranghöchster Führungskraft) geht es hierbei vordringlich nach, m.E., um die Befriedung des Konfliktes und Verbesserung der Arbeitsatmosphäre.

IV. Problem der Freiwilligkeit der Teilnahme an der Mediation

Das Problem der Freiwilligkeit der Teilnahme an der Mediation kann bei innerbetrieblichen Konflikten sehr oft bestehen. Diese liegt erst vor, wenn die

---

[40] Hierzu ausf. *Schwertfeger, E.*, Mediation durch innerbetriebliche Mediatoren: Werden deren Erwartungen, an die Umsetzung von innerbetrieblicher Mediation, in der Realität erfüllt? - Wunsch und Wirklichkeit, Möglichkeiten und Grenzen aus der Sicht innerbetrieblicher Mediatoren. Masterlehrgang „Mediation und Konfliktregelung" ARGE Bildungsmanagement Wien 2007, S. 36. URL: https://www.zweisicht.de/fileadmin/downloads/artikel/schwertfeger_ma.pdf. Letztes update: 29.8.2020.
[41] Weiterführend zum dbzgl. „Führungscoaching" s. *Schwertfeger, E.*, a.a.O., S. 17f.

Betroffenen den Wert der Konfliktlösung und die damit verbundene Veränderung selbst anerkennen und aufgrund dessen einen eigenständigen Entschluss fassen, am Mediationsverfahren teilzunehmen.[42] Wird die Mediation von "oben" angeordnet und kein Gesamtkonsens hinsichtlich eines Mediationsverfahrens gebildet, um den gemeinsamen "Leidensdruck" zu beseitigen, erscheint die Gewährleistung der Freiwilligkeit mehr als fraglich. Dieser Mangel an Freiwilligkeit widerspricht i.Ü. dem Wesen der Grundprinzipien und ist so gut es geht, hin zu einem freien Willen durch den Mediator zu begleiten, um Abwehrverhalten, Verschlossenheit, Misstrauen und mangelnder Kreativität als Störungen im Mediationsverfahren zu begegnen.

Im Beispiel des Software-Unternehmens würde der sog. „Entwicklungsdirektor" die Weisung geben, dass der Konflikt im Wege einer Mediation geklärt werden soll. Er schlägt einen Mediator vor. M.E., kann eine Mediation in diesem Fall im Ergebnis nur durchgeführt werden, wenn sich nach den notwendigen Vorgesprächen[43] herauskristallisiert, dass alle Beteiligten aus einer inneren Freiheit heraus mit der Mediation einverstanden sind und mit Offenheit und Respekt in die Gespräche gehen. Ansonsten wäre die Mediation, aus ihrem Selbstverständnis heraus betrachtet, nicht die richtige Verfahrensart.

---

[42] *Knell, A.* (2006). Die Freiwilligkeit in der Mediation. In team businessmediation (Hrsg.), Konfliktmanagement, das andere Mediationsbuch für die unternehmerische Praxis (S.79-98). Wien: Linde international 2006, S. 98.
[43] Vgl. *Besemer, Ch.*, Mediation – Vermittlung in Konflikten, 8. Aufl. Baden, S. 15f., 61ff.

V. Spannungsfeld Auftrag & Neutralität des Mediators

Das Problem zwischen angestrebten Auftragsziel und Neutralität des Mediators ggü. den Streitparteien ist ein Klassiker bei innerbetrieblichen Mediationen.[44] Es widerspricht im Grundsatz der Ergebnisoffenheit und allseitiger Konfliktlösung, je enger die Vorgaben durch die Führungskraft(e) bzw. die Unternehmensleitung gestaltet sind, desto mehr leidet die Neutralität des Mediators und die kreative Konfliktlösung der Beteiligten.

Vorliegend wäre es im Beispiel so, dass die Firmenleitung einen Mediator zu Rate zieht, da die zugrundeliegende wettbewerbsförderliche Führungsidee des Abteilungsleiters *"Wir befinden uns im Dschungel, die starken Tiere setzen sich durch!"* zwar die erforderlichen Arbeitsergebnisse als Früchte hervorbringt, jedoch gerade die angestrebte Arbeitsmotivation sinkt. Nicht selten zeichnen sich sog. „innere Kündigungen" der Mitarbeiter ab. Insgesamt krankt das Vorhaben des Abteilungsleiters. Er erwartet sich jedoch, dass seine Idee umgesetzt wird und die Mitarbeiter diesen Ansatz auch positiv und mit Engagement mittragen. M.E. nach, ist eine Mediation in diesem Vorgabenkorsett des Abteilungsleiters kaum an die Mitarbeiter beider Gruppen zu vermitteln bzw. durch die aufgezeigten Probleme uneingeschränkt zu lösen. Sollten die Vorgaben bis hin zum Verbot des Austauschs von Arbeitsergebnissen gehen, sollte an dieser Stelle u.U. mit der Firmenleitung unmittelbar offen diskutiert werden. Gegebenenfalls besteht die Möglichkeit über diesen oder von den Medianten gewünschte Punkte zu verhandeln. Letztlich ist es ja gerade im Firmeninteresse die Probleme und Konflikte auf sach- und beziehungsebene aus dem Weg zu räumen, um personell zukunftssichernd arbeiten zu können.

VI. Kompetenz des Mediators in der Wirtschaftsmediation

Eine solide Mediationsausbildung und Zertifizierung bilden die Grundlage für eine gelungene WM. Problematisch ist, dass der Begriff „Mediator" noch keine allgemein geschützte Berufsbezeichnung ist.[45] Sowohl Lebens- und Berufserfahrung als auch Branchenkenntnis und zumindest Grundkenntnisse psychologischer und

---

[44] *Ders.*, a.a.O., S. 109f. m.w.N.
[45] Anders als der Begriff des „Mediators" ist der des „Zertifizierten Mediators" gesetzlich geschützt (§§ 5 Abs. 2, 6 MediationsG).

soziologischer Art sind für die Begleitung einer innerbetrieblichen WM, m.E. nach, von äußerster Wichtigkeit, z.B. um Gefahren der Überforderung oder Unterforderung der Medianten vorzubeugen. Zudem sind in diesem Fall juristische und betriebswirtschaftliche Kenntnisse von Nutzen, aber nicht zwingend, so dass sie sich ebenfalls wie das psychologischen Know-how durch externe Berater gewährleisten lassen. Hinsichtlich der möglichen Abwanderung von Mitarbeitern ist auf angestrebte („innere") Kündigungen durch den Mediator oder externe Berater einzugehen. Möglicherweise lässt sich dieses Problem durch die Lösung der Grundfrage, z.B. des enormen Wettbewerbs der Gruppen, lösen. Eine Co-Mediation durch einen Mediator mit entsprechender Grundausbildung kann an dieser Stelle ein Fortschritt für den konkreten Fall sein, da es sich meist um mehr als 6 Beteiligte handeln dürfte.

VII. Einzelgespräche (sog. „Caucasing")

Inwieweit das Führen von Einzelgesprächen (sog. „Caucasing"[46]) ein „Helfer" in der WM ist, hängt sicherlich auch von den Persönlichkeiten und den Gegebenheiten des Einzelfalles ab.[47] Es ist sicherlich dienlich zur Klärung des Sachverhalts und der Parteiinteressen- und bedürfnisse. Dabei ist Vertraulichkeit[48] zwingend zu garantieren. An diesem Punkt ist jedoch von Mediatoren höchst umstritten, ob das Einzelgespräch per se der zu garantierenden Vertraulichkeit widerspricht.[49] Konfliktbeladen kann es in Fällen der Familienmediation sein[50], anders aber in der WM, die von einer raschen Lösung lebt. Mithilfe des *caucus* können „stockende" Mediationsprozesse oft rasch aufgelöst werden. Angebracht erscheint mir persönlich das *caucus* (restriktiv angewendet) in Vorgesprächen, i.R.d. Interessen– und Lösungsphase. Die WM bedient sich dem *caucus* des Öfteren und ist hier auch als sog. *„Shuttle-Diplomatie"*[51]

---

[46] Die Führung von Einzelgesprächen wird in der Mediation als sog. „Caucasing" bezeichnet. In den angelsächsischen Systemen bildet dies den Standard der Eröffnung der Mediation. In den kontinentalen Systemen wird „Casucasing" wenig angewendet, d.h. nur, wenn es nicht möglich ist, die Parteien im Raum zusammen zu bringen.
[47] Vgl. *Besemer, Ch.*, Mediation – Vermittlung in Konflikten, 8. Aufl. Baden, S. 20.
[48] *Schwertfeger, E.*, a.a.O., S. 37.
[49] Problemaufriss s. u.: Der Mediationsblog: Wissenswertes über Mediation und Streitbeilegung. URL: https://www.streitvermittler-mediator.de/blog-mediation/einzelgespraeche-in-der-mediation.html. Letztes Update: 29.8.2020.
[50] Dazu ausf. *Besemer, Ch.*, Mediation – Vermittlung in Konflikten, 8. Aufl. Baden, S. 48.
[51] Die Shuttle Mediation (auch: Pendelmediation) ist Mediation, jedoch sind die Parteien nicht beide gleichzeitig in einem Raum. Der Mediator führt den Dialog mit den Parteien getrennt. Er pendelt, indem er die mit der in einem anderen Raum befindlichen Partei erarbeitete Botschaft zu der Partei im anderen Raum wechselseitig überbringt. Das Procedere entspricht der Windows 1 Technik der Mediation, wo beide Parteien gleichzeitig anwesend sind.

bekannt. Weitere Chancen des *caucus* sind in der größeren Offenheit der Parteien, der Entschleunigung und Entkrampfung der Verhandlungen und der Parteien sowie u.U. der deutlichen Verbesserung des Arbeitsklimas zu sehen. Dem Mediator ist es so auch möglich kritische Punkte stärker durch die Medianten „herauszustellen" und selbst anzusprechen. Allerdings kann hier auch die Gefahr zu sehen sein, dass ein sog. „*Stille-Post-Effekt*"[52] entsteht, indem Übersetzungshilfen für die Medianten fehlerhaft ausfallen. Kritisch gesehen birgt der *caucus* Gefahren, wie z.B. das Misstrauen der wartenden Partei oder indem eine der Parteien versucht, den Mediator von sich zu überzeugen und somit dem Verlust der Allparteilichkeit des Mediators erzeugt. Zudem sieht sich der Ansatz des *caucus* dem Vorwurf ausgesetzt, nicht das Ergebnis einer „gemeinsamen" Konfliktlösung der Parteien durch unmittelbare Kommunikation zu sein.

Zusammenfassend ist darauf hinzuweisen den *caucus* nicht dogmatisch zu verweigern. Schließlich sind alle vertretbaren Mittel zur Konfliktlösung dienlich, die den Medianten bei ihrer Konfliktlösung helfen. Im Fall könnte ich mir ein *caucus* speziell bei allen 3 Führungskräften vorstellen, aber auch ein Gespräch durch einen Gruppensprecher jeder Gruppe. Es würde vornehmlich meiner Informationsbeschaffung dienen, aber auch der Klärung wo Bedürfnisse und perspektivische Wünsche vorhanden sind. Insbesondere kann, m.E. nach, auf die dogmatische Haltung des Abteilungsleiters hin - i.R.d. Themenfindung – ein *caucus* angedacht werden.

VIII. Möglichkeiten zur Überwindung von Hindernissen bei der Offenlegung von Konflikten

Es ist sinnvoll Vertrauen in den Vorgesprächen zu schaffen. Dazu trägt auch ein gutes Arbeitsklima, d.h. ein gutes Setting (passender Ort, Zeitplan, Sitzanordnung) bei.[53] Manchmal kann es sinnvoll sein, das Konfliktpotential als Vorübung durchzuspielen. Hinsichtlich der ergebnisoffenen aber auch ergebnisorientierten Lösung ist u.U. auf externe Berater zu verweisen bzw. sie hinzu zu ziehen. Auch Dritte i.F.v. Kollegen können ermutigend auf die WM wirken und hinzugezogen werden. An dieser Stelle

---

[52] „*Stille Post*" (kurz: Flüsterpost) ist ein Kinderspiel und eine Methode der Wahrnehmungserziehung. Hier meint diese aber die Verfälschung von Nachrichten durch die mehrfache informelle Weitergabe.

[53] Dazu ausf. *Besemer, Ch.*, Mediation – Vermittlung in Konflikten, 8. Aufl. Baden, S. 56, 61ff.

wäre im Beispiel m.E. die sinkende Arbeitsmotivation bei doch immer noch guten Arbeitsergebnissen anzusprechen. Dabei wäre zunächst einmal auf die Gesamtsituation einzugehen. Im Zentrum wird die Doppelbearbeitung der Themen durch die Gruppen stehen und eben auch der mangelnde Austausch und dadurch Input für die Mitarbeiter. Alternativen Lösungsmöglichkeiten sollte offen begegnet werden (z.B. Anlaufstelle für Konflikte, wöchentliches Brainstorming der Parteien oder Einführung eines Newsletters).

D. Der sog. "Elefant des Rechts" in der Mediation

Berührt ein Streit zwischen zwei oder mehreren Parteien rechtlich relevante Normen so mündet die Klärung oft in einem Gerichtsverfahren. Als Alternative zum Rechtstreit wird aus den Hauptgesichtspunkten Kosten, Zeit und (nicht öffentliches) Verfahren die Mediation angeboten bzw. von den Klienten gewählt. Allerdings kann auch eine WM rechtliche Gesichtspunkte enthalten, so dass man insoweit auch von der Rolle des sog. *„Elefants des Rechts"* in der Mediation sprechen kann. Wie groß der Anteil des Rechts während der Mediation sein soll, bestimmen weitgehend die Parteien. Die amerikanischen Mediatoren *Gary Friedmann* & *Jack Himmelstein*[54] haben hierfür ein Begriffsbild geschaffen, frei in die dt. Sprache übersetzt:

„Das Recht ist ein Elefant. Sobald es den Raum betritt, droht es, die Mediation zu dominieren."

Die Parteien zeigen auf, ob dem Recht Einfluss, Raum und Platz geschaffen wird und zwar im Maße der Größe einer Maus oder eben eines Elefanten, sprich:

„Ist die Rolle des Rechts noch so klein, so kann sie doch ein Elefant sein!"

Das heißt, sie lässt sich nicht ausblenden und bedingt oft vordergründig Klärung, um Sicherheit und Vertrauen der Parteien (zurück-) zu gewinnen, so dass später an den dahinterliegenden Problemen und Konflikten, z.B. auf der Beziehungsebene

---

[54] *Jack Himmelstein* ist Rechtsanwalt, Mediator und Trainer im Bereich Konfliktlösung. Zusammen mit seinem Kollegen *Gary Friedman* gründete er 1981 das Center for Mediation in Law (New York & San Francisco, USA). Beide boten 1990 erstmalig die Ausbildung Mediation in Deutschland an. Dazu siehe *Friedemann, G., Jack Himmelstein, J.* (2013): Konflikte fordern uns heraus: Mediation als Brücke zur Verständigung. Mediation aktuell. Wolfgang Metzner Verlag 2013.

gearbeitet werden kann. Besonders groß ist der sog. *„Elefant des Rechts"* in der Mediation in Wirtschafts- und Arbeitsleben mithin im Privatrecht. Im Konfliktfall bestehen dahingehend i.d.r. drei Möglichkeiten:

1.) Den Konflikt entgehen, z.B. durch Verzicht auf Mängelrechte
2.) Den Konfliktgegner in einen Rechtsstreit vor Gericht bringen oder
3.) mit dem Konfliktgegner verhandeln bzw. den Weg der Mediation beschreiten.

Wie gezeigt, beruht das Wesen der Mediation auf einem freiwilligen und ergebnisoffenen Prozess. Entscheidet sich eine Partei diesen Weg zu gehen, bleiben ihr auf jeden Fall die anderen Optionen offen. Das heißt in der Konsequenz, dass die Mediation bei bestehendem Willen der Parteien eine Alternative zum Gerichtsverfahren ist. In der Mediation zeichnet sich dabei hilfreicher Weise ab, wie z.B. ein Richter - allenfalls - urteilen würde. Das heißt, es kann sich als sinnvoll erweisen mit der Mediation (auch aus prozesstaktischen Gründen) fort zu fahren. Dies gilt umso mehr, als dass Parteien die sich in einem Verfahren schlechte oder ungewisse Chancen ausrechnen, lieber in der Mediation bleiben.

Der sog. *„Elefant des Rechts"* greift sich besonders bei vertragslastigen Konflikten sehr großen Raum. So wird z.B. beim Bau eines Hauses eine zahlreiche Anzahl von Verträgen geschlossen. Werkverträge (Aushub, Elektroinstallation) und Dienstleistungsverträge (Verträge mit Architekten und Ingenieurbüro) bieten hier im Verhältnis Bauherr- und Handwerker genügend Konfliktpotential. Bei diesen Verträgen sind die Parteien frei was sie vereinbaren ohne jedoch gesetzlichen Formvorschriften zu widersprechen. Wird dieser Rahmen eingehalten, so ist der Vertrag gültig. Im Rahmen der Mediation können dann die Parteien ihren Vertrag ändern, auf Leistungen verzichten, andere neue Leistungen vereinbaren, Fristen kürzen oder verlängern. Etwas enger, aber doch vorhanden ist der Spielraum der Mediation im öffentlichen Recht (z.B. Errichtung der Waldschlösschenbrücke Dresden). Geht es um Planungsvorhaben, Baubewilligungen, Immissionsrechtliche Vorschriften oder Straßenbau so zäunen zahlreiche zwingende Vorschriften das Mediationsfeld ein. Allerdings steht zumeist den Behörden ein Ermessensspielraum zu, um den im Rahmen einer öffentlich-rechtlichen Mediation gerungen werden kann. Wenn über Themen zwischen Bauherren, Anwohnern, Umweltverbänden und Behörden verhandelt wird, kann dies aber auch nur in den gesetzlichen Grenzen geschehen und die Rekursrechte Dritter und Mitwirkungsrechte müssen geachtet werden.

Besonders ein Punkt ist, m.E., für die Medianten aber auch den Mediator nach wichtig: *„Nur rechtlich haltbare Lösungen haben gute Realisierungschancen!"*

Die größte Lösung einer Streitigkeit nützt nichts, wenn sie nicht umgesetzt oder vollzogen werden kann. Entspricht die in der Mediation gefundene Leistung den rechtlichen Rahmenbedingungen, so kann sie allenfalls nachträglich auch mit staatlichen Maßnahmen vollzogen, d.h. vollstreckt werden. Kritiker führen sicherlich mit guten Argumenten an, die Mediation sei erst richtig frei, wenn die Lösung durch die Medianten ungezwungen gefunden wird, denn sie kann ja von den üblichen rechtlichen "Gepflogenheiten" - wie in einem Fall für gewöhnlich entschieden wird - abweichen, d.h. sie sei absolut ergebnisoffen zu finden. Dem ist aber entgegen zu halten, dass ein rechtliches Kräftegleichgewicht durchaus wünschenswert ist und zu einer unbeschwerten Zukunftslösung und Gesichtswahrung für beide Parteien beiträgt. Natürlich spielt hier insoweit auch eine Rolle, ob in der Person des Mediators eine rechtskundige Person zu finden ist, die z.B. auch deswegen ausgesucht wurde und ob zum Abschluss der Mediation externe Berater in Form von Rechtsanwälten oder Wirtschaftsjuristen von den Parteien hinzugezogen werden wollen. Etwas gewagt, aber durchaus zulässig ist die Ansicht, dass nur der der juristisch gebildete Mediator dem Recht in der Mediation seinen Platz weisen kann. Hier kann auf das eben Gesagte verwiesen werden. In einfachen Fällen, kann dies jeder Mediator mit Judiz übernehmen, umso mehr bei juristischer Vorbildung des Mediators. Andernfalls kann ein externer Berater zugezogen werden. Lediglich in größeren Verfahren (bei mehreren Parteien) sollten Parteianwälte zugezogen werden bzw. während der Mediationssitzungen anwesend sein. An dieser Stelle sollte aber auf Setting der Parteianwälte und deren Involvierung geachtet werden, denn es besteht die Gefahr, dass es genau aus diesem Grund, zu einer Unbeweglichkeit oder zum Abbruch der Mediation kommen kann.

Zum Abschluss sei an dieser Stelle dem sog. *„Elefanten des Rechts"* ein Satz anheimgestellt:

„Die Größe eines Tieres hängt nicht von der Größe seines Wirkungsfeldes ab."

(frei nach Erich Kästner)

Literaturverzeichnis

Besemer, Ch., Mediation – Vermittlung in Konflikten, 8. Aufl., Baden, S. 15, 20, 27, 28, 41, 48, 56, 61ff.

Friedemann, G., Jack Himmelstein, J. (2013): Konflikte fordern uns heraus: Mediation als Brücke zur Verständigung. Mediation aktuell. Wolfgang Metzner Verlag 2013.

Greger, in: *Reinhard Greger/Hannes Unberath (Hrsg.)*, Mediationsgesetz, Kommentar, München 2012, Teil 1, S. 23, Rz. 72 und Teil 3, S. 225, Rz. 14, 15.

Greger/von Münchhausen, Verhandlungs- und Konfliktmanagement für Anwälte, 2010.

Greger/Stubbe, Schiedsgutachten, 2007.

Knell, A. (2006). Die Freiwilligkeit in der Mediation. In team businessmediation (Hrsg.), Konfliktmanagement, das andere Mediationsbuch für die unternehmerische Praxis (S.79-98). Wien: Linde international 2006, S. 98.

Müller-Jacquier, Bernd/ten Thije, Jan D. [2000]: „Interkulturelle Kommunikation: interkulturelles Training und Mediation", in: Becker-Mrotzek, M./Brünner, G./Cölfen, H. [Hrsg.]: „Linguistische Berufe", Frankfurt a. M./Berlin/Bern/Bruxelles/New York/Oxford/Wien: Lang, S. 39-57.

Münchener Kommentar zum BGB-Würdinger, 6. Aufl. 2012, § 317 Rz. 29 ff.

Palandt-Grüneberg, 70. Aufl. 2011, § 317 BGB Rz. 8; § 319 BGB Rz. 5a.

Schulz von Thun, F., Ruppel, J., Stratmann, R., Miteinander Reden. Kommunikationspsychologie für Führungskräfte, 4. Aufl., Rowohlt Verlag, Reinbek 2005.

Schwab, K.-H./Walter, G.: Schiedsgerichtsbarkeit, Kommentar, 6. Aufl., München 2000, S. 1.

Seidel (2009): Konfliktkostenstudie KPMG, S. 20.

Schneider, S., Mediation in der Wirtschafts- & Arbeitswelt, Skript Modul V, Aufl. 1/2013, Wismar, S. 4, 5.

Stevanovic, D., Schiedsrichterliche Verfahren §§ 1025 ff. ZPO, Studienarbeit 2002, Kap. 7.1.

Wittschier B.M., 30 min für erfolgreiche Mediation in Unternehmen, 2. Aufl., GABAL Verlag GmbH, Offenbach, S. 7f., S. 30.

Onlineverzeichnis

Deckenbrock, Ch., Jordans, R., Das obligatorische außergerichtliche Schlichtungsverfahren nach § 15a EGZPO. URL: https://www.haufe.de/recht/deutsches-anwalt-office-premium/1-das-obligatorische-aussergerichtliche-schlichtungsverfahren-nach-15a-egzpo_idesk_PI17574_HI12573259.html. Letztes Update: 29.8.2020.

Deppe, R., WissensWerk. Seminare & Beratung. Mediation in Wirtschaft und Arbeitswelt. URL: http://www.wissenswerk.org/wp-content/uploads/2016/02/Mediation-in-Wirtschaft-und-Arbeitswelt.pdf. Letztes Update: 29.8.2020.

Der Mediationsblog: Wissenswertes über Mediation und Streitbeilegung. URL: https://www.streitvermittler-mediator.de/blog-mediation/einzelgespraeche-in-der-mediation.html. Letztes Update: 29.8.2020.

Gallup-Studie. URL: http://www.berkemeyer.net/news/gallup-studie.

Greger, R., Alternative Konfliktbeilegung. URL: https://www.reinhard-greger.de/alternative-konfliktbeilegung/formen-der-alternativen-konfliktbeilegung/. Letztes Update: 29.08.2020.

Grote, R., Konflikte im Unternehmen: Ursache, Wirkung und Prävention! Wie durch fehlendes Konfliktmanagement verdeckte Kosten entstehen. URL: https://www.coach-grote.de/arbeit-beziehung/konfliktmanagement/#_Toc365639087. Letztes Update: 29.8.2020.

Hartung, F., Außergerichtliche Streitbeilegung. Mediation bei Konflikten in Familie, Erbschaft, Beruf, Wirtschaft, Nachbarschaft und Schule. URL: https://www.streitvermittler-mediator.de/fachbegriffe/was-bedeutet-aussergerichtliche-streitbeilegung.html. Letztes Update: 28.28.2020.

juraforum.wiki. Internationales schiedsgerichtliches Verfahren. URL: https://www.juraforum.de/lexikon/schiedsgerichtliches-verfahren. Letztes Update: 29.8.2020.

juraforum.wiki. schiedsgerichtliche Verfahrens-Vorteile. URL: https://www.juraforum.de/lexikon/schiedsgerichtliches-verfahren. Letztes Update: 29.8.2020.

Prütting/Gehrlein, ZPO Kommentar, ZPO § 1044 – Beginn des schiedsrichterlichen Verfahrens. URL: https://www.haufe.de/recht/deutsches-anwalt-office-premium/pruettinggehrlein-zpo-kommentar-zpo-1044-beginn-des-schiedsrichterlichen-verfahrens_idesk_PI17574_HI13240446.html. Letztes Update: 29.8.2020.

Schwertfeger, E., Mediation durch innerbetriebliche Mediatoren: Werden deren Erwartungen, an die Umsetzung von innerbetrieblicher Mediation, in der Realität erfüllt? - Wunsch und Wirklichkeit, Möglichkeiten und Grenzen aus der Sicht innerbetrieblicher Mediatoren. Masterlehrgang „Mediation und Konfliktregelung" ARGE Bildungsmanagement Wien 2007, S. 36. URL: https://www.zweisicht.de/fileadmin/downloads/artikel/schwertfeger_ma.pdf. Letztes Update: 29.8.2020.

Steike, J., Rechtsanwaltskammer München. Merkblatt zur außergerichtlichen Streitbeilegung. URL: https://www.rak-muenchen.de/fileadmin/downloads/01_Rechtsanwaelte/Mitgliederservice/Download/Merkblatt.pdf. S. 3. Letztes Update: 29.8.2020.

W.A.F. BetriebsratWissen. Mobbing am Arbeitsplatz. URL: https://www.betriebsrat.com/mobbing-am-arbeitsplatz. Letztes Update: 29.8.2020.

Wirtschaftskammer Österreich. Studie von 2006: „Neue Wege zur Ergebnisverbesserung". URL: http://www.wkw.at/docextern/ubit/wirtschaftsmediatoren/Studie_Konfliktkosten.pdf. Letztes Update: 29.8.2020.